AF205672

Impressum
Verlag: BABADADA GmbH, Nedderfeld 112 , 22529 Hamburg
Geschäftsführer / Verlagsleitung: Harald Hof
Druck: Books on Demand GmbH, In de Tarpen 42, 22848 Norderstedt

Imprint
Publisher: BABADADA GmbH, Nedderfeld 112 , 22529 Hamburg, Germany
Managing Director / Publishing direction: Harald Hof
Print: Books on Demand GmbH, In de Tarpen 42, 22848 Norderstedt

učionica
luokkahuone

dijeliti
jakaa

186/2

ploča
taulu

školsko dvorište
koulunpiha

učitelj
opettaja

papir
paperi

pisati
kirjoittaa

kemijska olovka
kynä

pisaći stol
kirjoituspöytä

ravnalo
viivoitin

knjiga
kirja

učenik
oppilas

torba

reppu

pernica

penaali

grafitna olovka

lyijykynä

šiljilo za olovke

kynänteroitin

gumica za brisanje

pyyhekumi

blok za crtanje

piirustuslehtiö

crtež

piirustus

kist

pensseli

kutija s bojama

vesivärit

makaze

sakset

ljepilo

liima

bilježnica

harjoituskirja

domaći zadatak

kotitehtävä

broj

luku

sabirati

lisätä

oduzimati

vähentää

množiti

kertoa

računati

laskea

slovo

kirjain

abeceda

aakkoset

riječ

sana

tekst

teksti

čitati

lukea

kreda

liitu

sat

oppitunti

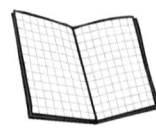

dnevnik

opettajan muistikirja

ispit

koe

svjedodžba

todistus

školska uniforma

koulupuku

obrazovanje

koulutus

leksikon

sanakirja

sveučilište

yliopisto

mikroskop

mikroskooppi

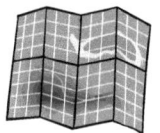

karta

kartta

košara za papir

roskakori

putovanje
matka

hotel
hotelli
Grand
prenoćište
retkeilymaja
ROOMS
mjenjačnica
rahanvaihto
kofer
matkalaukku
auto
auto

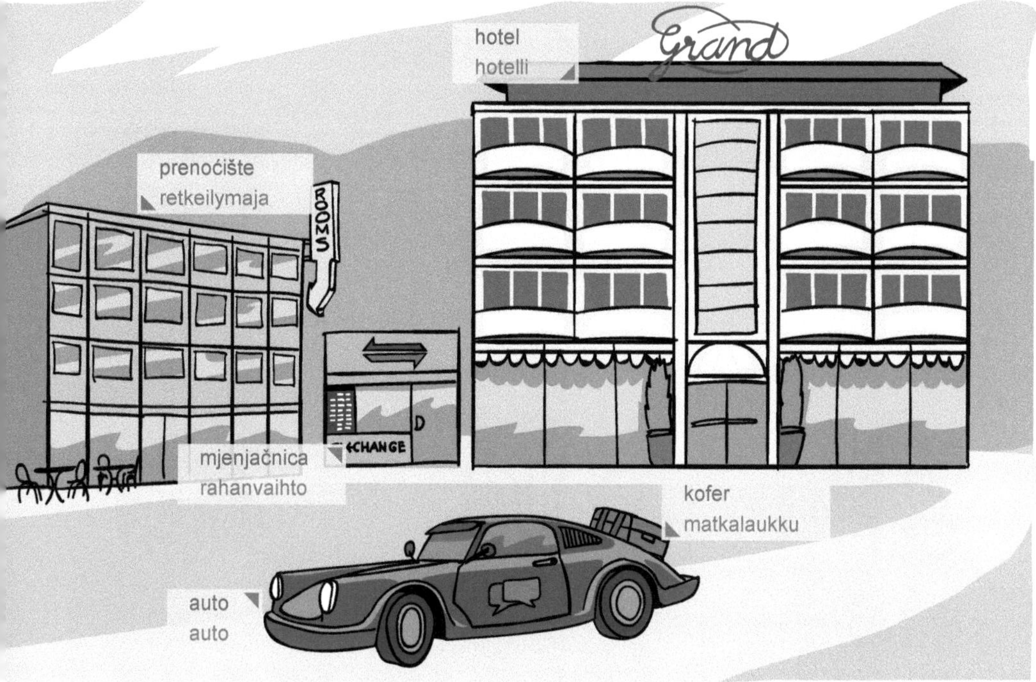

jezik

kieli

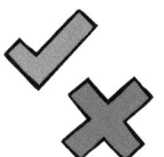

da / ne

kyllä / ei

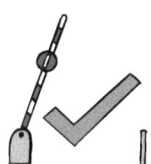

okay

selvä

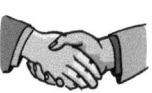

zdravo

hei

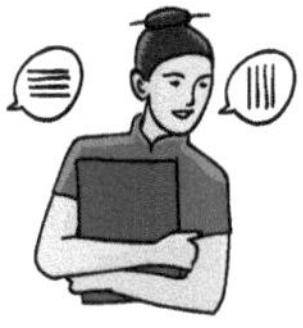

prevoditelj

tulkki

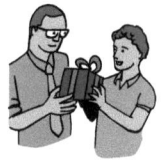

hvala

kiitos

Koliko košta...?

Paljonko...maksaa?

ne razumijem

en ymmärrä

problem

ongelma

dobro veče!

Hyvää iltaa!

Dobro jutro!

Hyvää huomenta!

Laku noć!

Hyvää yötä!

doviđenja

näkemiin

smjer

suunta

prtljaga

matkatavarat

torba

laukku

ruksak

reppu

gost

vieras

soba

huone

vreća za spavanje

makuupussi

šator

teltta

turističke informacije

turisti-info

plaža

ranta

kreditna kartica

luottokortti

doručak

aamupala

ručak

lounas

večera

päivällinen

karta za vožnju

matkalippu

dizalo

hissi

poštanska markica

postimerkki

granica

raja

carina

tulli

ambasada

suurlähetystö

viza

viisumi

putovnica

passi

zrakoplov
lentokone

brod
laiva

vatrogasno vozilo
paloauto

autobus
linja-auto

teretno vozilo
kuorma-auto

motorni čamac
moottorivene

biciklo
polkupyörä

auto
auto

trajekt
lautta

čamac
vene

motocikl
moottoripyörä

policijski auto
poliisiauto

trkaći auto
kilpa-auto

iznajmljeno auto
vuokra-auto

dijeljenje automobila

car sharing

vučno vozilo

hinausauto

vozilo za odvoz smeća

roska-auto

motor

moottori

benzin

polttoaine

benzinska postaja

huoltoasema

prometni znak

liikennemerkki

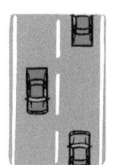

promet

liikenne

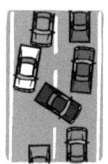

zastoj

ruuhka

parkiralište

parkkipaikka

kolodvor

rautatieasema

šine

raiteet

vlak

juna

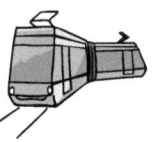

tramvaj

raitiovaunu

vagon

vaunu

helikopter
helikopteri

zrakoplovna luka
lentokenttä

toranj
lähilennonjohto

putnik
matkustaja

kontejner
kontti

karton
pahvilaatikko

kolica
kärryt

košara
kori

uzletjeti / sletjeti
nousta / laskea

grad
kaupunki

selo
kylä

centar grada
keskusta

kuća
talo

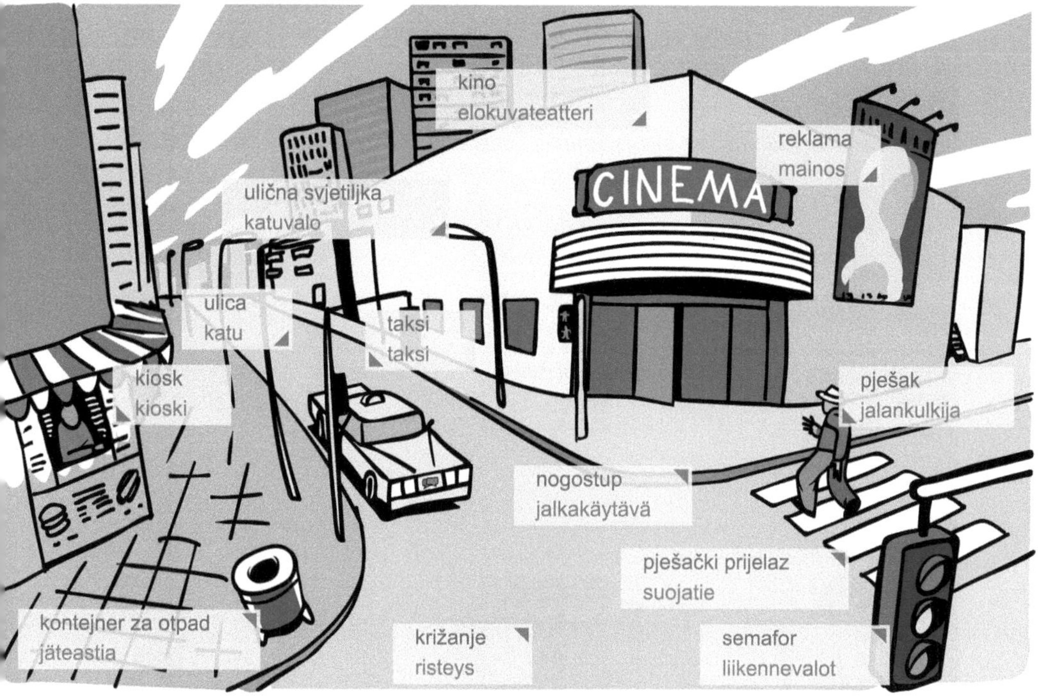

kino
elokuvateatteri
reklama
mainos
CINEMA
ulična svjetiljka
katuvalo
ulica
katu
taksi
taksi
kiosk
kioski
pješak
jalankulkija
nogostup
jalkakäytävä
pješački prijelaz
suojatie
kontejner za otpad
jäteastia
križanje
risteys
semafor
liikennevalot

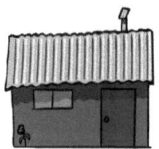

koliba

mökki

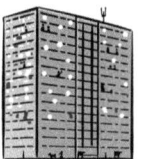

stan

kerrostalo

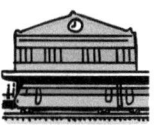

kolodvor

rautatieasema

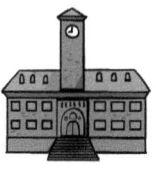

vijećnica

kaupungintalo

MUSEUM

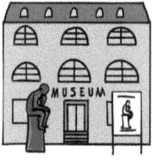

muzej

museo

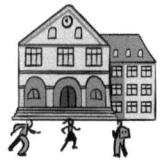

škola

koulu

sveučilište

yliopisto

banka

pankki

bolnica

sairaala

hotel

hotelli

ljekarna

apteekki

ured

toimisto

knjižara

kirjakauppa

prodavaonica

liike

cvjećara

kukkakauppa

supermarket

supermarketti

trg

tori

robna kuća

tavaratalo

ribarnica

kalakauppias

trgovački centar

ostoskeskus

luka

satama

park

puisto

klupa

penkki

most

silta

stepenice

portaat

podzemna željeznica

metro

tunel

tunneli

autobusna stanica

linja-autopysäkki

bar

baari

restoran

ravintola

poštansko sanduče

postilaatikko

ulični znak

katukyltti

parkirni sat

parkkimittari

zoološki vrt

eläintarha

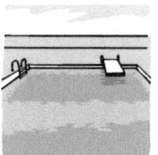

bazen

uimala

džamija

moskeija

seosko gazdinstvo
maatila

zagađenje okoliša
ympäristön saastuminen

groblje
hautausmaa

crkva
kirkko

igralište
leikkikenttä

hram
temppeli

krajolik
maisema

list
lehti

putokaz
tienviitta

put
tie

livada
niitty

kamen
kivi

drvo
puu

šetač
retkeilijä

rijeka
joki

trava
ruoho

cvijet
kukka

dolina

laakso

planina

vuori

jezero

järvi

šuma

metsä

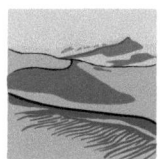

pustinja

aavikko

vulkan

tulivuori

dvorac

linna

duga

sateenkaari

gljiva

sieni

palma

palmu

moskito

hyttynen

muha

kärpänen

mrav

muurahainen

pčela

mehiläinen

pauk

hämähäkki

buba

kovakuoriainen

žaba

sammakko

vjeverica

orava

 jež

siili

zec

jänis

sova

pöllö

ptica

lintu

labud

joutsen

divlja svinja

villisika

jelen

peura

los

hirvi

nasip

pato

vjetrenjača

tuulimylly

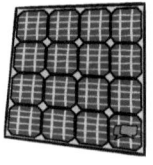

solarna ploča

aurinkopaneeli

klima

ilmasto

restoran
ravintola

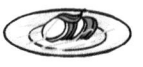

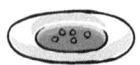

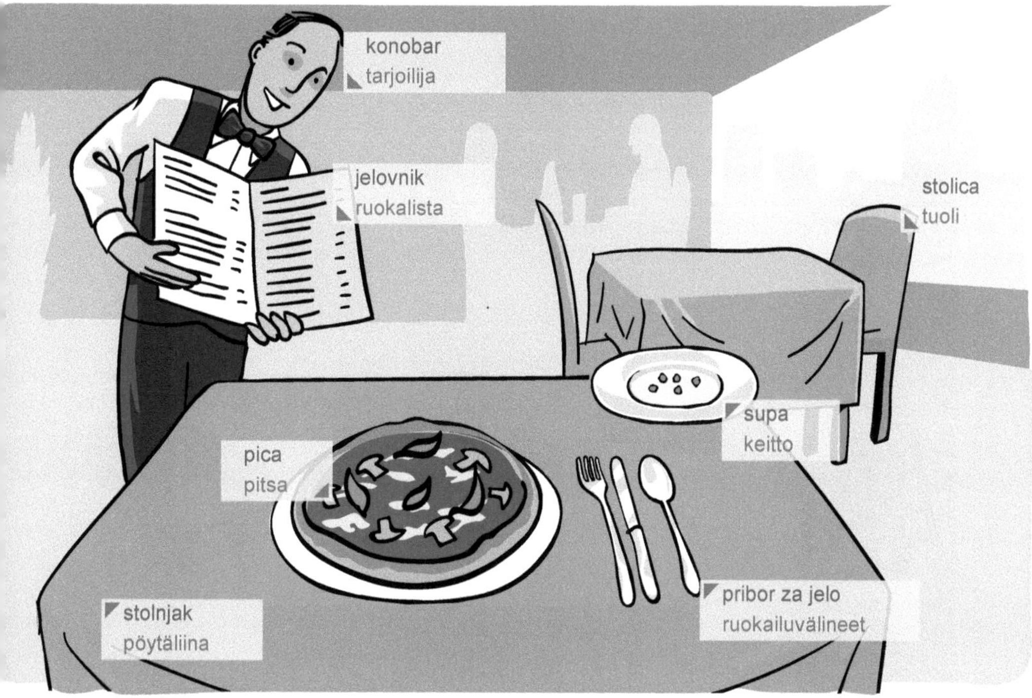

konobar
tarjoilija
jelovnik
ruokalista
stolica
tuoli
supa
keitto
pica
pitsa
stolnjak
pöytäliina
pribor za jelo
ruokailuvälineet

predjelo

alkuruoka

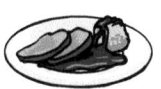

glavno jelo

pääruoka

desert

jälkiruoka

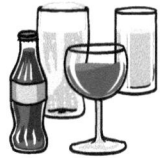

napitci

juomat

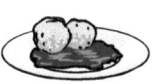

jelo

ruoka

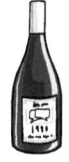

boca

pullo

fastfood

pikaruoka

imbis hrana

katuruoka

čajnik

teekannu

doza za šećer

sokeriastia

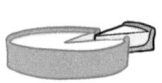

porcija

annos

aparat za espresso

espressokeitin

visoka stolica

syöttötuoli

račun

lasku

pladanj

tarjotin

nož

veitsi

vilica

haarukka

žlica

lusikka

čajna žlica

teelusikka

ubrus

servietti

čaša

lasi

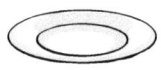

tanjur

lautanen

tanjur za supu

syvä lautanen

tanjurić

aluslautanen

sos

kastike

soljenka

suolasirotin

mlin za biber

pippurimylly

ocat

etikka

ulje

öljy

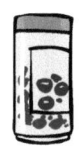

začini

mausteet

kečap

ketsuppi

senf

sinappi

majoneza

majoneesi

supermarket

supermarketti

ponuda
tarjous
FOR
kupac
asiakas
mliječni proizvodi
maitotuotteet
voće
hedelmät
kolica za kupnju
ostoskärryt

BUTCHERS

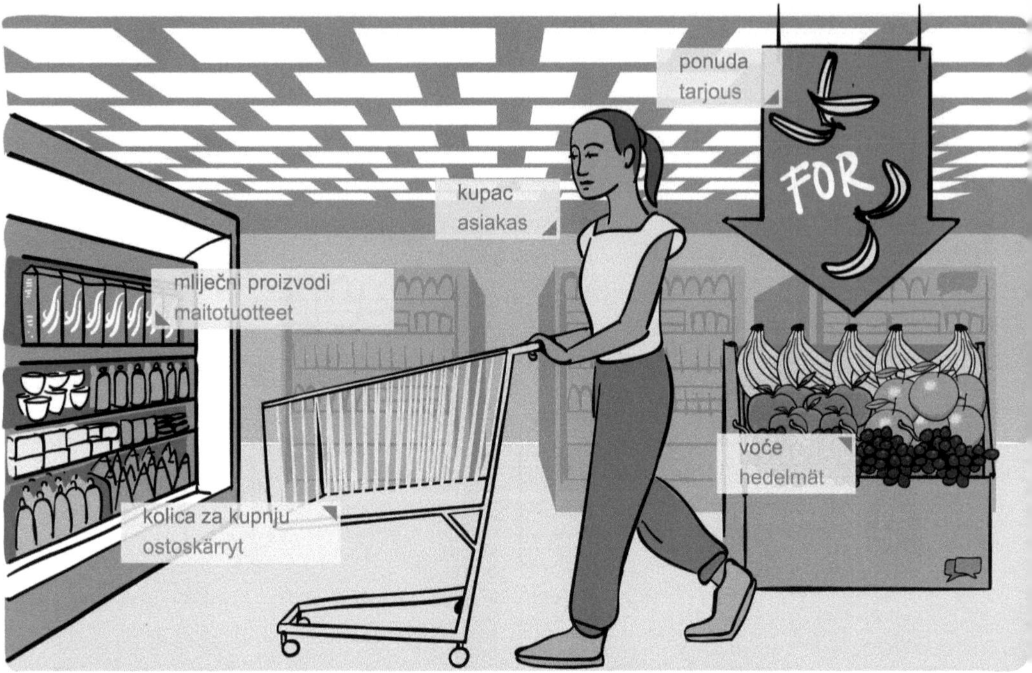

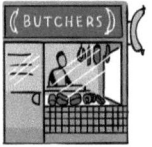

mesnica

teurastamo

BAKERY

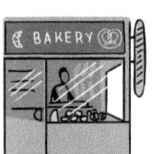

pekarnica

leipomo

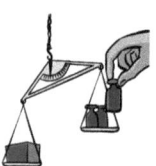

vagati

punnita

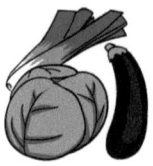

povrće

kasvikset

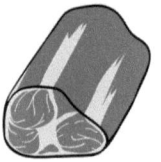

meso

liha

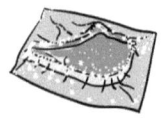

duboko smrznuta hrana

pakasteet

narezak
leikkele

konzerve
säilykkeet

sredstvo za pranje
pesujauhe

slatkiši
makeiset

artikli za domaćinstvo
kotitaloustarvikkeet

sredstva za čišćenje
puhdistusaineet

prodavačica
myyjä

blagajna
kassa

blagajnik
kassanhoitaja

lista za kupnju
ostoslista

vrijeme rada
aukioloajat

novčanik
lompakko

kreditna kartica
luottokortti

torba
kassi

plastična vrećica
muovipussi

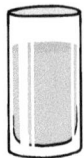

voda

vesi

sok

mehu

mlijeko

maito

cola

kokis

vino

viini

pivo

olut

alkohol

alkoholi

kakao

kaakao

čaj

tee

kava

kahvi

espresso

espresso

cappuccino

cappuccino

banana

banaani

jabuka

omena

naranča

appelsiini

lubenica

meloni

limun

sitruuna

mrkva

porkkana

češnjak

valkosipuli

bambus

bambu

luk

sipuli

gljiva

sieni

orašasti plodovi

pähkinät

rezanci

spagetti

špagete
spagetti

riža
riisi

salata
salaatti

pomfrit
ranskalaiset

pečeni krumpir
paistetut perunat

pica
pitsa

hamburger
hampurilainen

sendvič
voileipä

šnicla
leike

pršut
kinkku

salama
salami

kobasica
makkara

kokoš
kana

pečenje
paisti

riba
kala

zobene pahuljice

kaurahiutaleet

musli

mysli

kukuruzne pahuljice

murot

brašno

jauho

roščić

voisarvi

pecivo

sämpylä

kruh

leipä

toast

paahtoleipä

keksi

keksit

maslac

voi

svježi sir

rahka

kolač

kakku

jaje

kananmuna

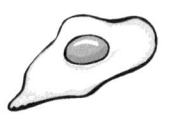

jaje na oko

paistettu kananmuna

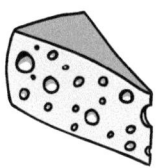

sir

juusto

sladoled

jäätelö

šećer

sokeri

med

hunaja

marmelada

hillo

nugat krema

suklaapähkinälevite

curry

curry

seosko gazdinstvo
maatila

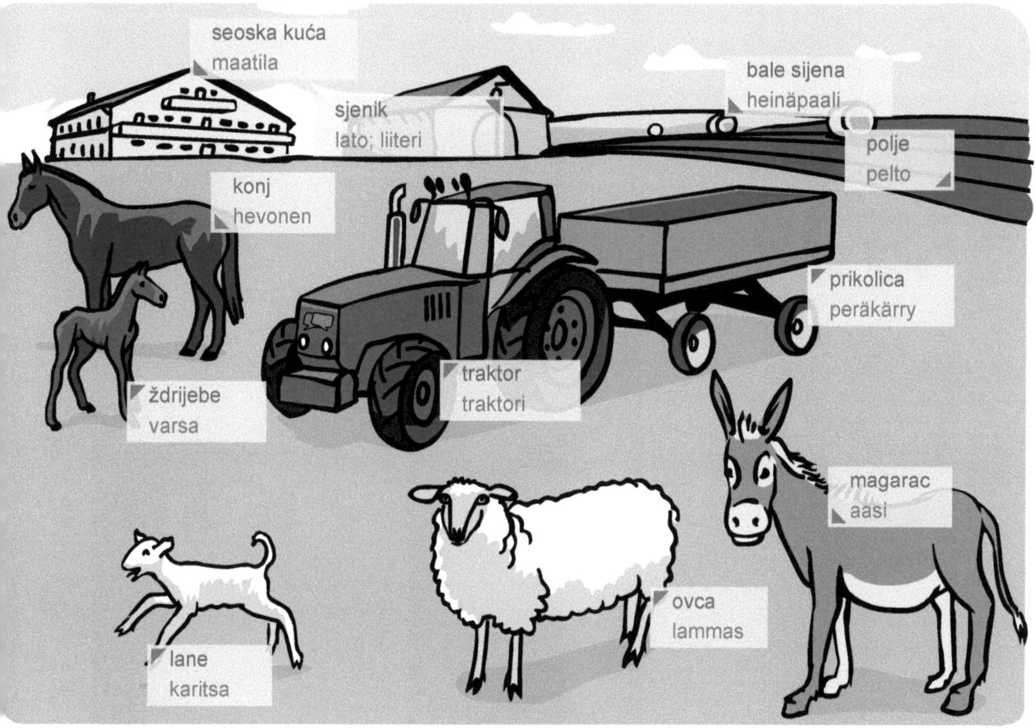
seoska kuća
maatila
sjenik
lato; liiteri
bale sijena
heinäpaali
polje
pelto
konj
hevonen
prikolica
peräkärry
ždrijebe
varsa
traktor
traktori
magarac
aasi
ovca
lammas
lane
karitsa

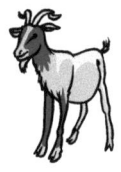

koza
vuohi

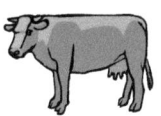

krava
lehmä

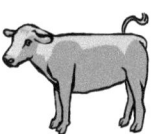

tele
vasikka

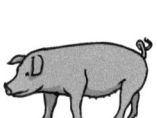

svinja
sika

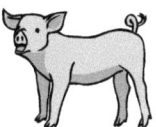

prase
porsas

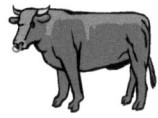

bik
sonni

guska
hanhi

patka
ankka

pilići
tipu

kokoš
kana

pijetao
kukko

pacov
rotta

mačka
kissa

miš
hiiri

vol
härkä

pas
koira

kućica za psa
koirankoppi

vrtno crijevo
puutarhaletku

kanta za polijevanje
kastelukannu

kosa
viikate

plug
aura

srp

sirppi

motika

kuokka

vilica za gnojivo

talikko

sjekira

kirves

tačke

kottikärryt

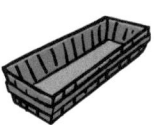

korito

kaukalo

posuda za mlijeko

maitokannu

vreća

säkki

ograda

aita

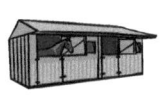

štala

talli

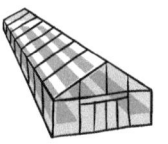

staklenik

kasvihuone

zemlja

maa

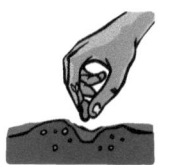

sjeme

siemen

gnojivo

lannoite

kombajn

leikkuupuimuri

žanjati

kerätä sato

žetva

sato

yams začin

jamssit

pšenica

vehnä

soja

soija

krumpir

peruna

kukuruz

maissi

uljana repica

rypsi

voćka

hedelmäpuu

gomolj manioke

maniokki

žitarice

vilja

kuća
talo

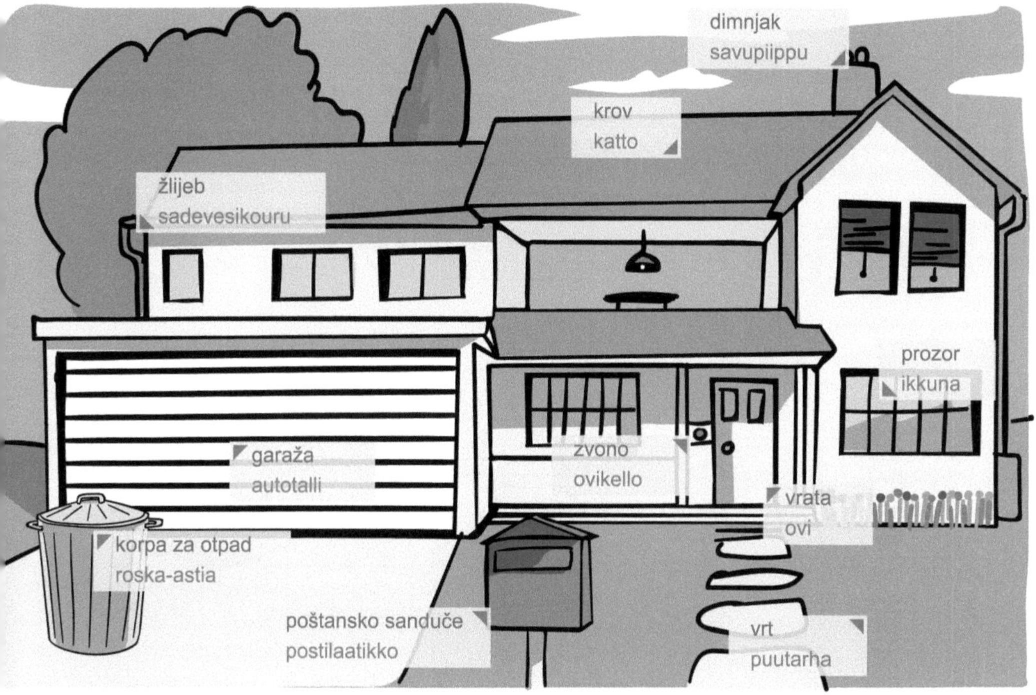

dimnjak
savupiippu
krov
katto
žlijeb
sadevesikouru
prozor
ikkuna
garaža
autotalli
zvono
ovikello
vrata
ovi
korpa za otpad
roska-astia
poštansko sanduče
postilaatikko
vrt
puutarha

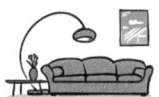

dnevna soba

olohuone

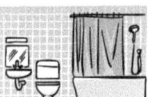

kupaonica

kylpyhuone

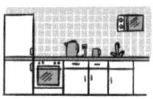

kuhinja

keittiö

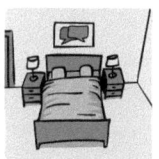

spavaća soba

makuuhuone

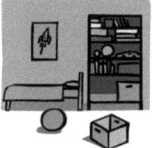

dječija soba

lastenhuone

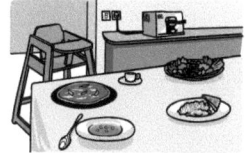

trpezarija

ruokahuone

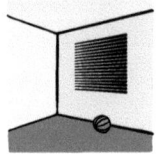

pod

lattia

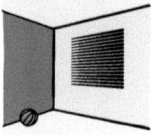

zid

seinä

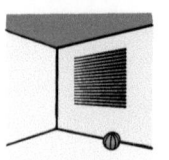

strop

katto

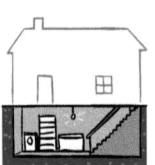

podrum

kellari

sauna

sauna

balkon

parveke

terasa

terassi

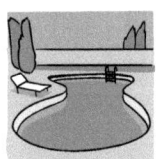

bazen

uima-allas

kosilica za travu

ruohonleikkuri

posteljina za krevet

lakana

deka za krevet

päiväpeitto

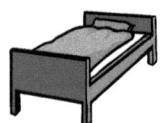

krevet

sänky

metla

harja

kanta

ämpäri

sklopka

katkaisin

dnevna soba
olohuone

tapeta
tapetti
slika
kuva
svjetiljka
lamppu
regal
hylly
ormar
kaappi
televizija
televisio
kamin
takka
cvijet
kukka
jastuk
tyyny
kauč
sohva
vaza
maljakko
daljinski upravljač
kaukosäädin

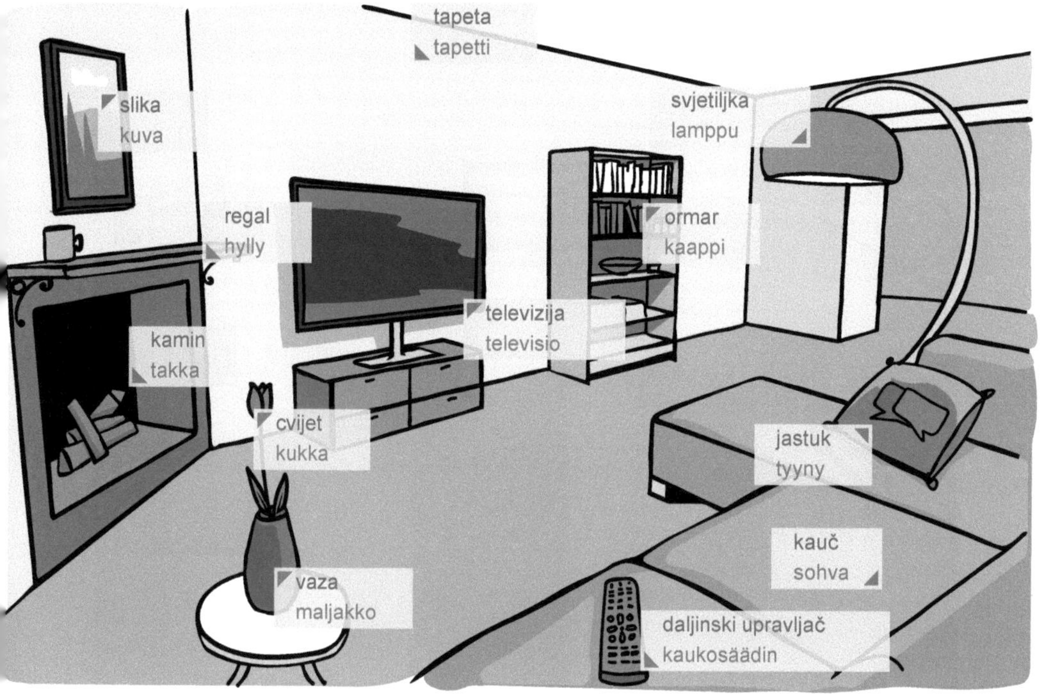

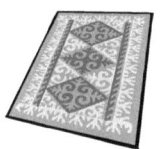

tepih

matto

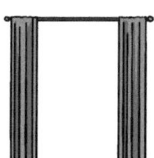

zavjesa

verho

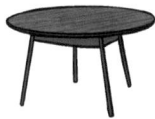

stol

pöytä

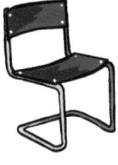

stolica

tuoli

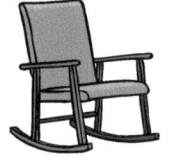

stolica za njihanje

keinutuoli

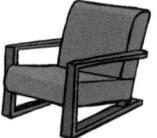

fotelja

nojatuoli

knjiga

kirja

deka

peitto

dekoracija

koriste

drvo za ogrjev

polttopuut

film

elokuva

stereo uređaj

stereot

ključ

avain

novine

sanomalehti

slika na platnu

maalaus

poster

juliste

radio

radio

blok za pisanje

muistivihko

usisavač

pölynimuri

kaktus

kaktus

svijeća

kynttilä

kuhinja
keittiö

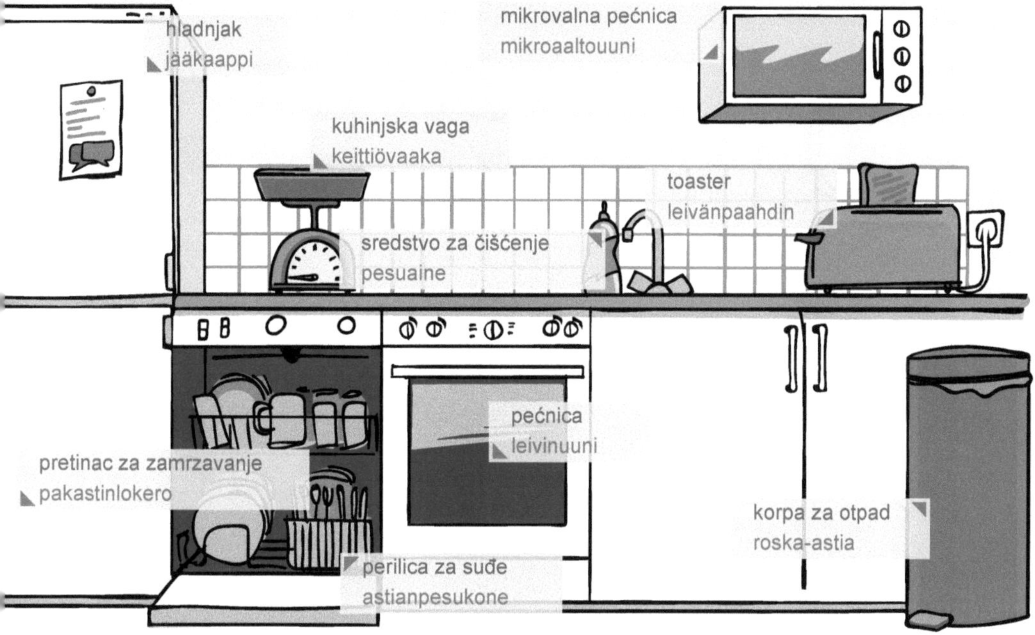
hladnjak
jääkaappi
mikrovalna pećnica
mikroaaltouuni
kuhinjska vaga
keittiövaaka
toaster
leivänpaahdin
sredstvo za čišćenje
pesuaine
pećnica
leivinuuni
pretinac za zamrzavanje
pakastinlokero
korpa za otpad
roska-astia
perilica za suđe
astianpesukone

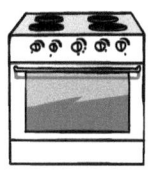

štednjak

liesi

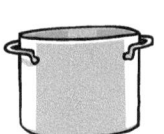

lonac

kattila

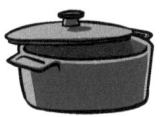

željezni lonac

rautapata

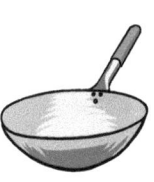

wok / kadai

vokkipannu / kadai-pannu

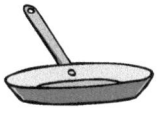

tava

paistinpannu

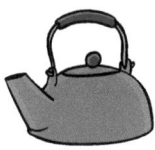

kuhalo za vodu

teepannu

kuhalo na paru

höyrykeitin

lim za pečenje

uunipelti

posuđe

astiat

čaša

muki

zdjela

kulho

štapići za jelo

syömäpuikot

kutljača

kauha

lopatica

paistinlasta

pjenjača

vispilä

sito za kuhanje

siivilä

sito

siivilä

ribež

raastin

mužar

mortteli

roštilj

grilli

ognjište

avotuli

daska

leikkuulauta

oklagija

kaulin

vadičep

korkinavaaja

konzerva

purkki

otvarač konzervi

purkinavaaja

krpa za lonac

pannulappu

sudoper

lavuaari

četka

tiskiharja

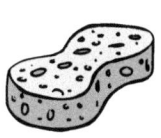

spužva

pesusieni

mikser

tehosekoitin

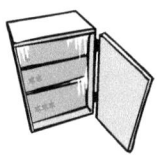

zamrzivač

pakastin

bočica za bebe

tuttipullo

slavina za vodu

vesihana

kupaonica
kylpyhuone

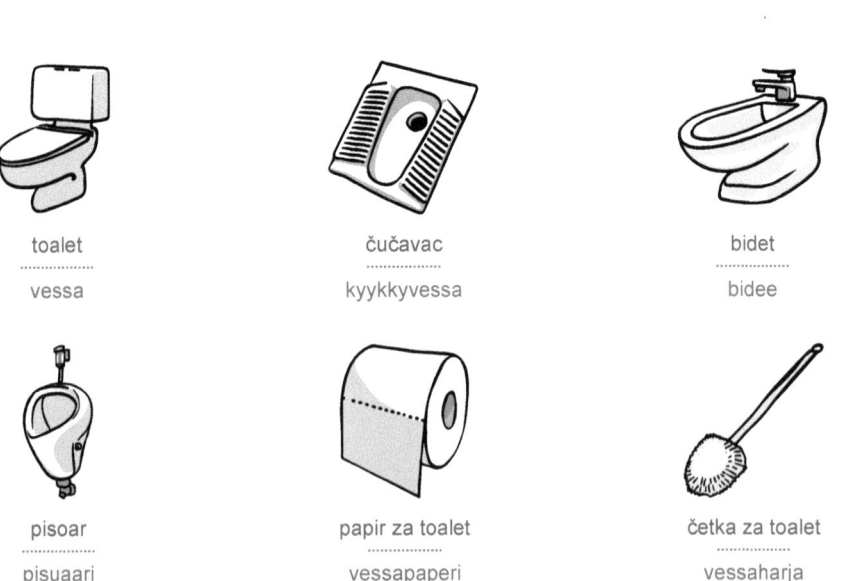

grijanje
lämmitys
ručnik
pyyhe
tuš
suihku
zavjesa za tuš
suihkuverho
pjenušava kupka
vaahtokylpy
kada
kylpyamme
čaša
lasi
perilica za rublje
pesukone
slavina za vodu
vesihana
pločice
kaakelit
dječja kahlica
potta
sudoper
lavuaari

toalet

vessa

čučavac

kyykkyvessa

bidet

bidee

pisoar

pisuaari

papir za toalet

vessapaperi

četka za toalet

vessaharja

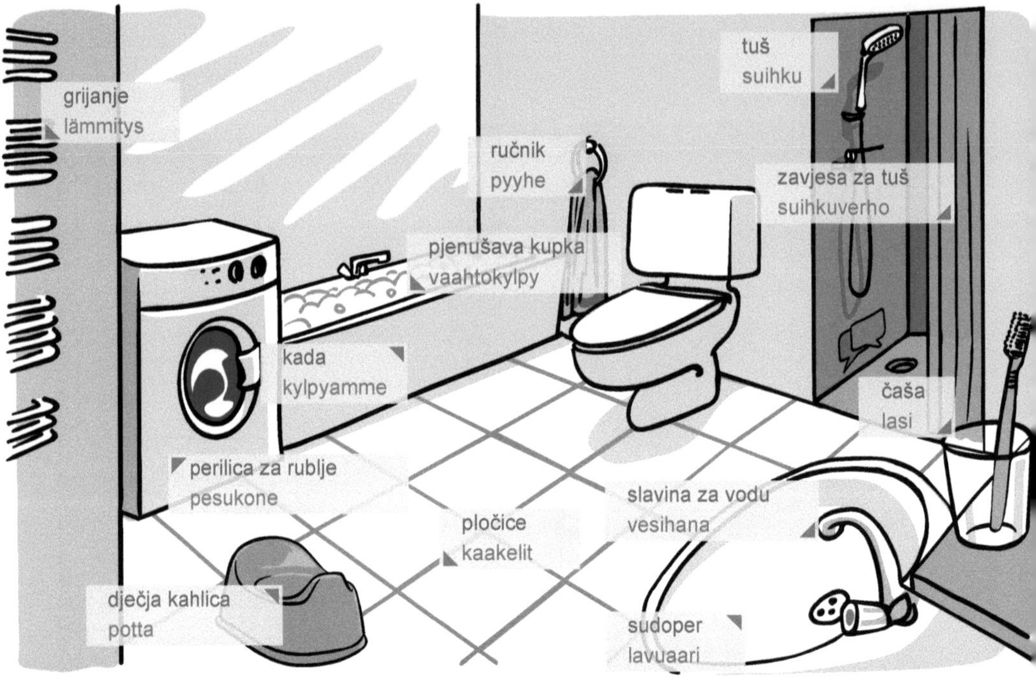

četkica za zube

hammasharja

pasta za zube

hammastahna

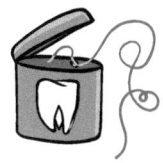

konac za zube

hammaslanka

prati

pestä

tuš ručica

käsisuihku

tuš za pranje intimnih dijelova

intiimisuihku

lavor

pesuvati

četka za pranje leđa

selkäharja

sapun

saippua

gel za tuširanje

suihkugeeli

šampon

shampoo

krpa za pranje

pesulappu

odvod

viemäri

krema

voide

dezodorans

deodorantti

kupaonica - kylpyhuone

ogledalo

peili

kozmetičko ogledalo

käsipeili

brijač

partaveitsi

pjena za brijanje

partavaahto

losion za poslije brijanja

partavesi

češalj

kampa

četka

harja

sušilo za kosu

hiustenkuivaaja

sprej za kosu

hiuslakka

makeup

meikki

ruž za usne

huulipuna

lak za nokte

kynsilakka

vata

pumpuli

škare za nokte

kynsisakset

parfem

hajuvesi

kupaonica - kylpyhuone

neseser

kosmetiikkalaukku

stolica

jakkara

vaga

vaaka

ogrtač

kylpytakki

rukavice za čišćenje

kumihansikkaat

tampon

tamponi

uložak

terveysside

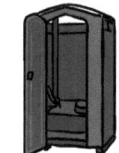

kemijski toalet

kemiallinen wc

dječija soba
lastenhuone

budilnik
herätyskello
plišana igračka
pehmolelu
auto igračka
leikkiauto
zvečka
helistin
kućica za lutke
nukkekoti
poklon
lahja

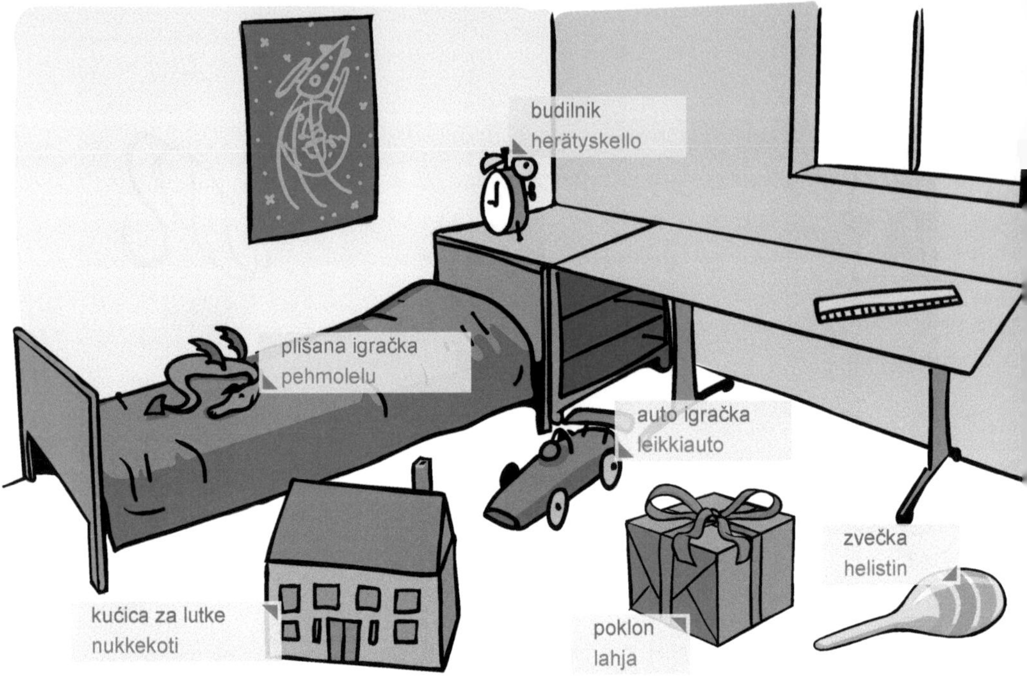

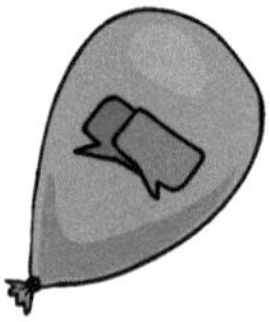

balon
ilmapallo

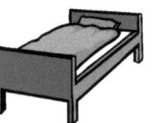

krevet
sänky

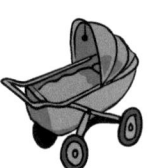

dječija kolica
lastenvaunut

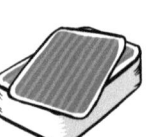

igra s kartama
korttipeli

slagalica
palapeli

SUPER
MEGA

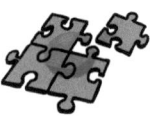

strip
sarjakuva

lego kockice

legopalikat

kockice za slaganje

rakennuspalikat

akcioni junak

supersankari

kombinezon za bebe

potkupuku

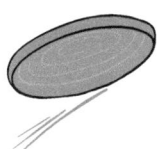

frizbi

frisbee

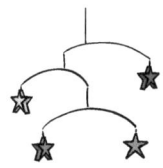

viseće igračke

mobile

društvene igre

lautapeli

kocka

noppa

minijaturna željeznica

pienoisjunarata

duda

tutti

tulum

juhlat

slikovnica

kuvakirja

lopta

pallo

lutka

nukke

igrati

leikkiä

pješčanik

hiekkalaatikko

ljuljačka

keinu

igračka

lelut

konzola za igre

pelikonsoli

tricikl

kolmipyörä

plišani medo

nalle

ormar

vaatekaappi

odjeća
vaatteet

kratke čarape

sukat

čarape

nylonsukat

hulahopke

sukkahousut

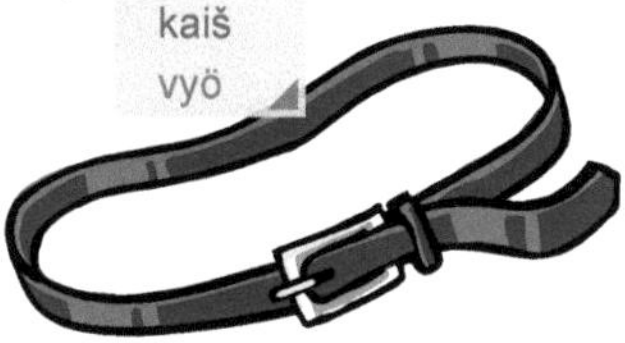

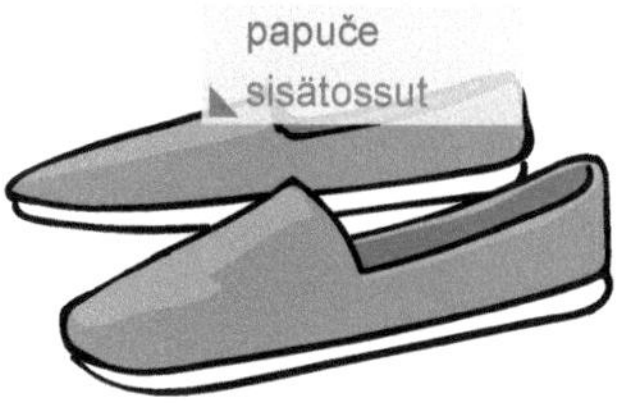

šal
kaulaliina

kišobran
sateenvarjo

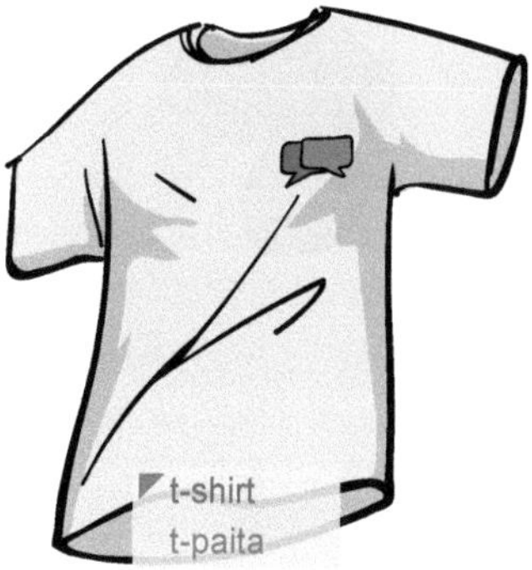

kaiš
vyö

t-shirt
t-paita

čizme
saappaat

papuče
sisätossut

patike
lenkkarit

sandale
sandaalit

cipele
kengät

gumene čizme
kumisaappaat

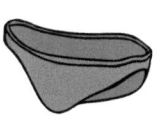

gaćice
alushousut

grudnjak
rintaliivit

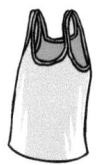

potkošulja
aluspaita

bodi

body

hlače

housut

džins

farkut

haljina

hame

bluza

pusero

košulja

paita

džemper

villapaita

pulover s kapuljačom

collegepaita

blejzer

jakku

jakna

takki

kaput

takki

kabanica

sadetakki

kostim

puku

haljina

mekko

vjenčanica

hääpuku

odijelo

puku

spavaćica

yöpaita

pidžama

pyjama

sari

shari

rubac

päähuivi

turban

turbaani

burka

burka

kaftan

kaftaani

abaja

abaya

kupaći kostim

uimapuku

kupaće gaćice

uimahousut

kratke hlače

shortsit

odjeća za trening

verkkarit

pregača

esiliina

rukavice

käsineet

gumb

nappi

naočale

silmälasit

narukvica

rannekoru

ogrlica

kaulakoru

prsten

sormus

naušnica

korvakoru

kapa

lippalakki

vješalica

ripustin

šešir

hattu

kravata

solmio

patent zatvarač

vetoketju

kaciga

kypärä

naramenice

henkselit

školska uniforma

koulupuku

uniforma

univormu

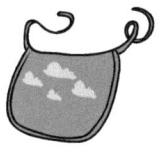

podbradak

ruokalappu

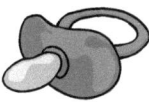

duda

tutti

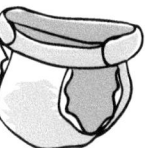

pelena

vaippa

ured
toimisto

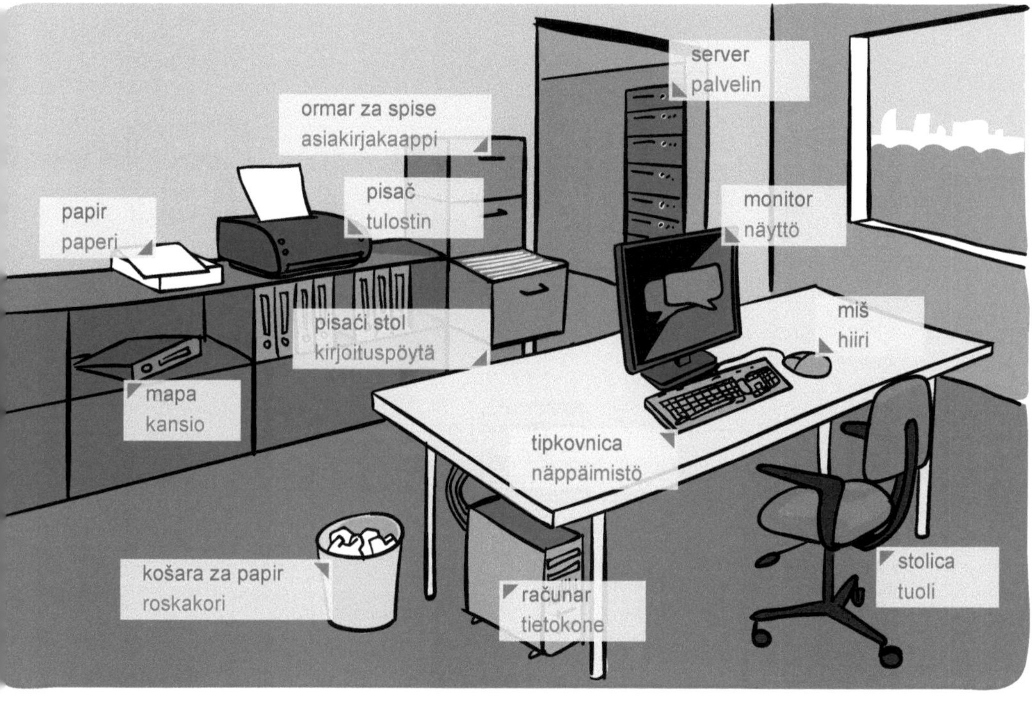

server
palvelin
ormar za spise
asiakirjakaappi
pisač
tulostin
papir
paperi
monitor
näyttö
miš
hiiri
pisaći stol
kirjoituspöytä
mapa
kansio
tipkovnica
näppäimistö
košara za papir
roskakori
računar
tietokone
stolica
tuoli

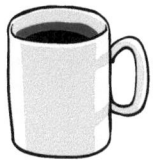

šalica za kavu

kahvimuki

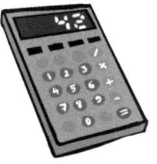

kalkulator

taskulaskin

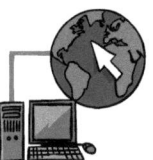

internet

internet

laptop

kannettava tietokone

pismo

kirje

poruka

viesti

mobilni telefon

kännykkä

mreža

verkko

uređaj za kopiranje

kopiokone

softver

ohjelmisto

telefon

puhelin

utičnica

pistorasia

faks

faksi

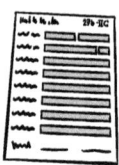

obrazac

lomake

dokument

asiakirja

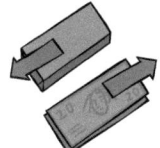

kupovati
ostaa

platiti
maksaa

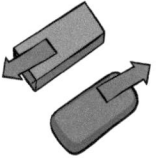

trgovati
vaihtaa

novac
raha

dolar
dollari

euro
euro

jen
jeni

rubalj
rupla

švicarski franak
frangi

renmindbi yuan
renminbi juan

rupija
rupia

automat za novac
pankkiautomaatti

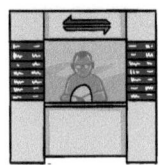

mjenjačnica

rahanvaihto

zlato

kulta

srebro

hopea

nafta

öljy

energija

energia

cijena

hinta

ugovor

sopimus

porez

vero

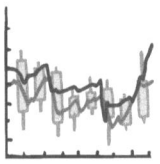

dionica

osake

raditi

työskennellä

službenik

työntekijä

poslodavac

työnantaja

tvornica

tehdas

prodavaonica

liike

zanimanja
ammatit

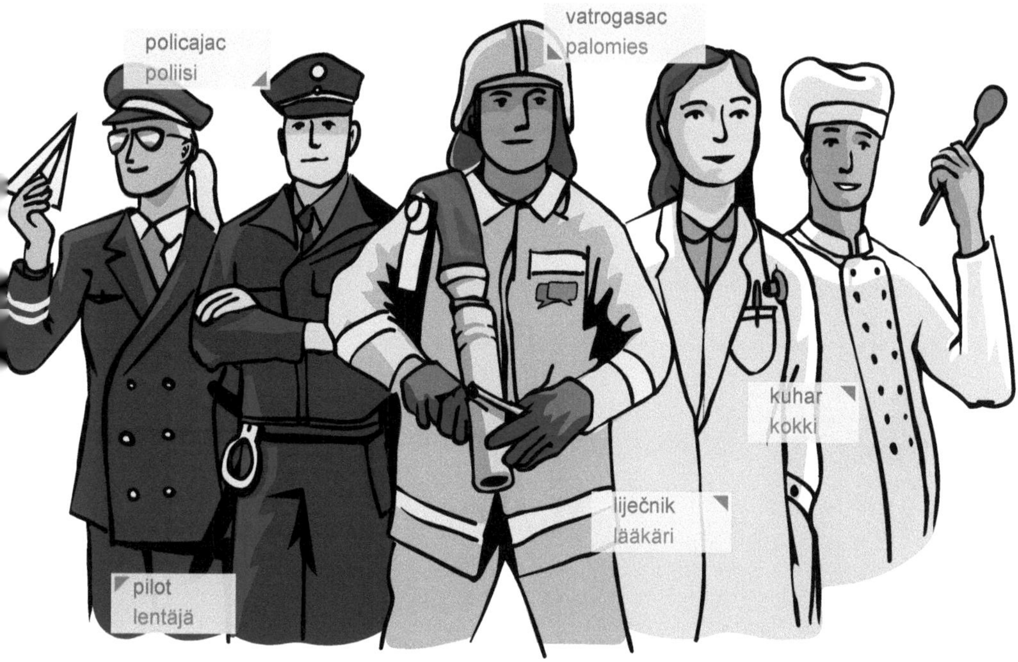

policajac
poliisi
vatrogasac
palomies
kuhar
kokki
liječnik
lääkäri
pilot
lentäjä

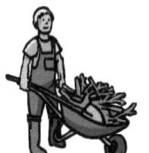

vrtlar
puutarhuri

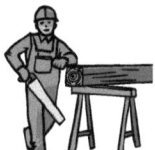

stolar
puuseppä

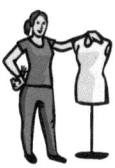

krojačica
ompelija

sudija
tuomari

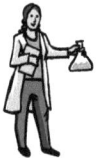

kemičar
kemisti

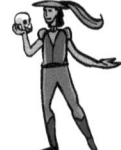

glumac
näyttelijä

vozač autobusa

linja-autonkuljettaja

vozač taksija

taksinkuljettaja

ribar

kalastaja

čistačica

siivooja

krovopokrivač

katontekijä

konobar

tarjoilija

lovac

metsästäjä

slikar

maalari

pekar

leipuri

električar

sähköasentaja

građevinski radnik

rakentaja

inženjer

insinööri

mesar

teurastaja

limar

putkiasentaja

poštar

postinjakaja

vojnik
sotilas

arhitekta
arkkitehti

blagajnik
kassanhoitaja

cvjećar
floristi

frizer
kampaaja

kondukter
konduktööri

mehaničar
mekaanikko

kapetan
kapteeni

zubar
hammaslääkäri

znanstvenik
tiedemies

rabi
rabbi

imam
imaami

monah
munkki

svećenik
pappi

alati

työkalut

čekić
vasara
kliješta
pihdit
odvijač
ruuvimeisseli
ključ za vijke
jakoavain
džepna svjetiljka
taskulamppu

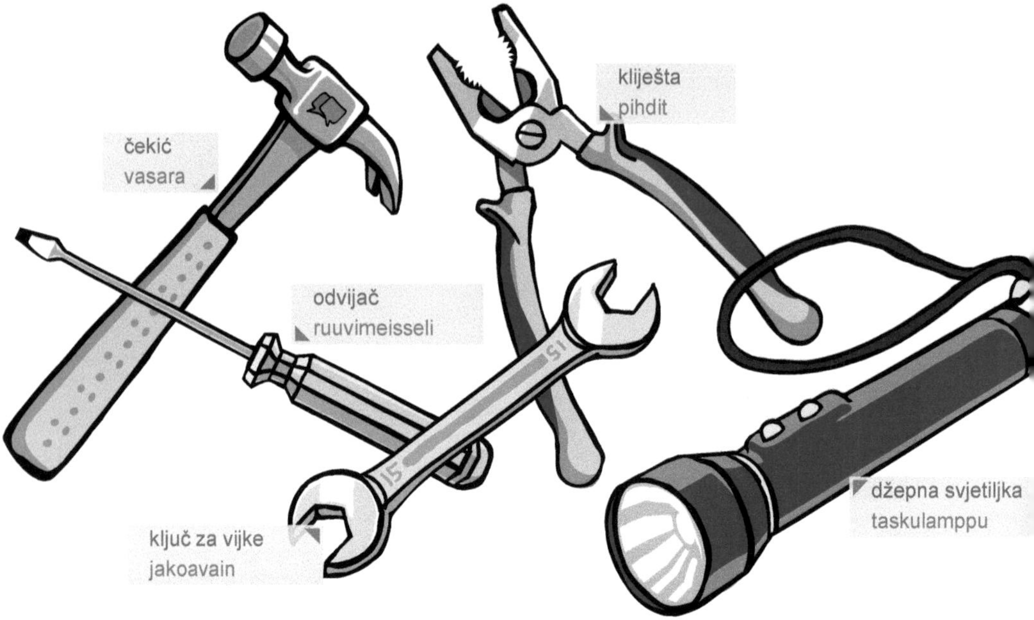

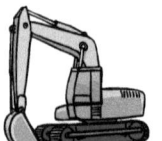

rovokopač

kaivinkone

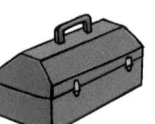

kutija za alat

työkalupakki

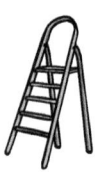

ljestve

tikkaat

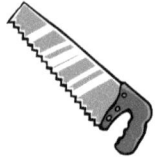

pila

saha

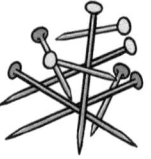

ekser

naulat

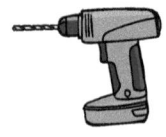

bušilica

pora

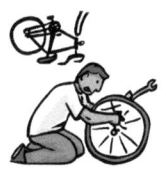

popraviti

korjata

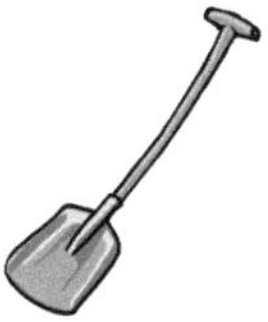

lopata

lapio

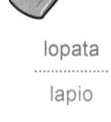

Sranje!

Hitto!

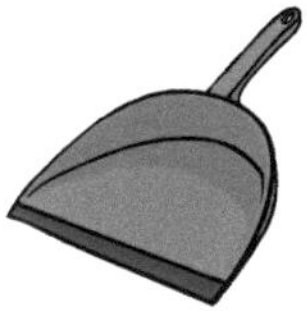

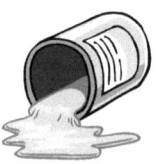

lopatica

rikkalapio

lonac za boju

maalipurkki

vijci

ruuvit

glazbeni instrument

soittimet

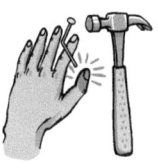

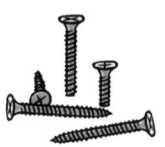

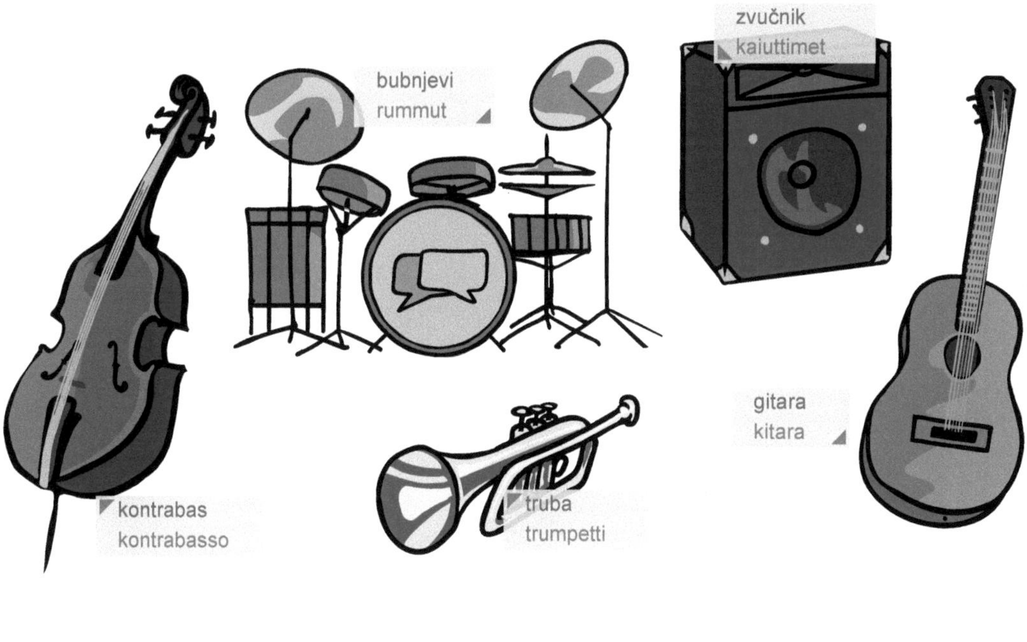
zvučnik
kaiuttimet
bubnjevi
rummut
gitara
kitara
kontrabas
kontrabasso
truba
trumpetti

klavir

piano

violina

viulu

bas

basso

timpani

patarummut

udaraljke za bubnjeve

rumpu

keyboard

kosketinsoitin

saksofon

saksofoni

flauta

huilu

mikrofon

mikrofoni

zoološki vrt
eläintarha

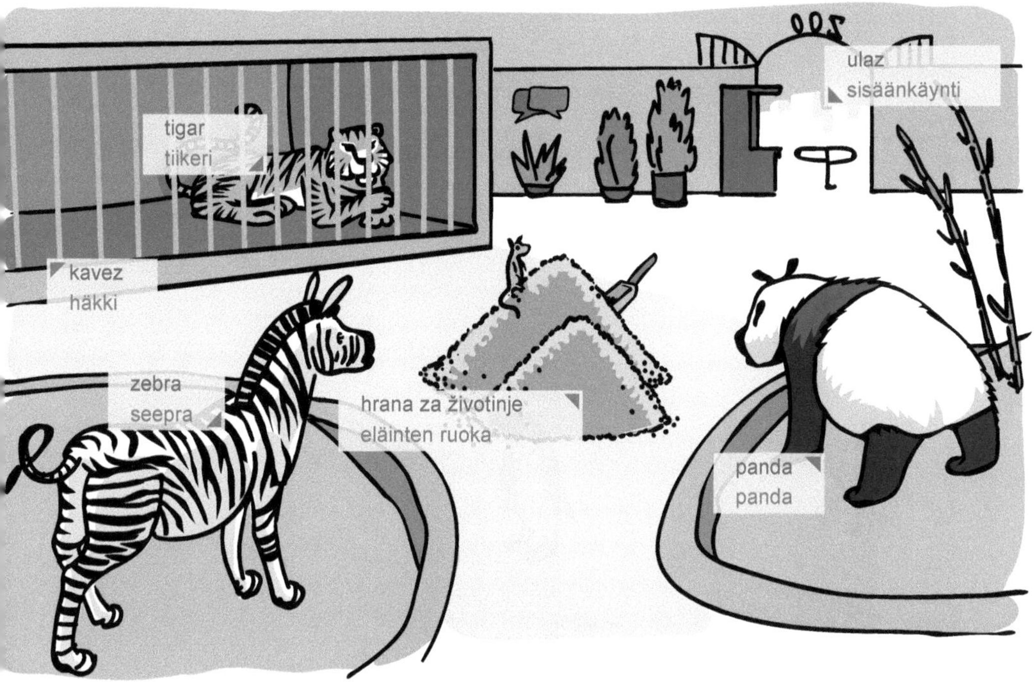
ulaz
sisäänkäynti
tigar
tiikeri
kavez
häkki
zebra
seepra
hrana za životinje
eläinten ruoka
panda
panda

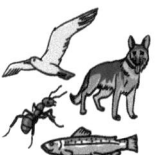

životinje

eläimet

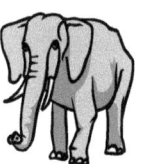

slon

norsu

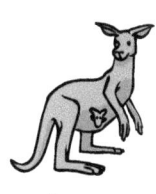

kengur

kenguru

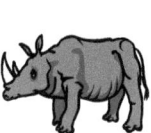

nosorog

sarvikuono

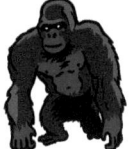

gorila

gorilla

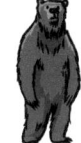

medvjed

karhu

kamila

kameli

noj

strutsi

lav

leijona

majmun

apina

flamingo

flamingo

papagaj

papukaija

polarni medvjed

jääkarhu

pingvin

pingviini

ajkula

hai

paun

riikinkukko

zmija

käärme

krokodil

krokotiili

čuvar u zoološkom vrtu

eläintarhanhoitaja

tuljan

hylje

jaguar

jaguaari

poni
poni

leopard
leopardi

nilski konj
virtahepo

žirafa
kirahvi

orao
kotka

divlja svinja
villisika

riba
kala

kornjača
kilpikonna

morž
mursu

lisica
kettu

gazela
gaselli

američki nogomet
amerikkalainen jalkapallo

biciklizam
pyöräily

tenis
tennis

košarka
koripallo

plivanje
uinti

boks
nyrkkeily

hockey na ledu
jääkiekko

nogomet
jalkapallo

badminton
sulkapallo

atletika
yleisurheilu

rukomet
käsipallo

skijanje
hiihto

polo
poolo

smijati se
nauraa

skočiti
hypätä

zagrliti
halata

ići
kävellä

pjevati
laulaa

sanjati
unelmoida

moliti se
rukoilla

poljubiti
suudella

pisati
kirjoittaa

crtati
piirtää

pokazati
näyttää

gurati
painaa

dati
antaa

uzeti
ottaa

imati
omistaa

činiti
tehdä

biti
olla

stojati
seisoa

trčati
juosta

povlačiti
vetää

baciti
heittää

padati
kaatua

ležati
maata

čekati
odottaa

nositi
kantaa

sjediti
istua

oblačiti
pukeutua

spavati
nukkua

probuditi se
herätä

gledati	**plakati**	**milovati**
katsoa	itkeä	silittää

češljati	**govoriti**	**razumjeti**
kammata	puhua	ymmärtää

pitati	**slušati**	**piti**
kysyä	kuunnella	juoda

jesti	**pospremiti**	**voljeti**
syödä	siivota	rakastaa

kuhati	**voziti**	**letjeti**
keittää	ajaa	lentää

ploviti

purjehtia

računati

laskea

čitati

lukea

učiti

oppia

raditi

työskennellä

vjenčati se

mennä naimisiin

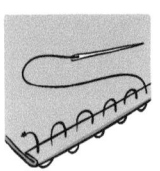

šiti

ommella

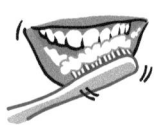

prati zube

pestä hampaat

ubiti

tappaa

pušiti

tupakoida

poslati

lähettää

obitelj
perhe

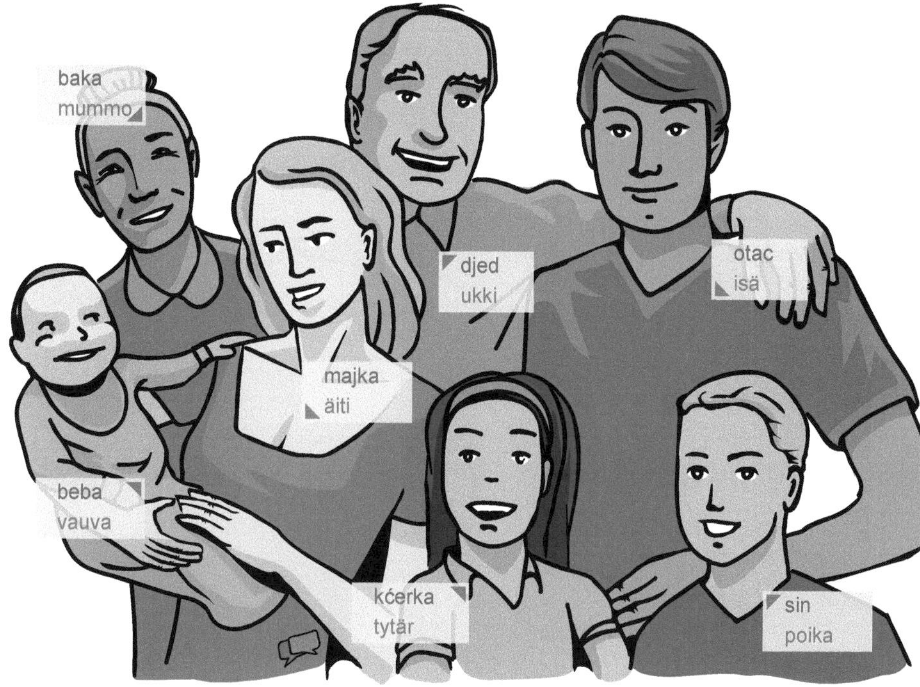
baka
mummo
djed
ukki
otac
isä
majka
äiti
beba
vauva
kćerka
tytär
sin
poika

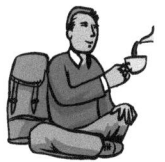

gost

vieras

tetka

täti

ujak, stric

setä

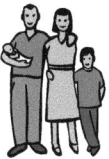

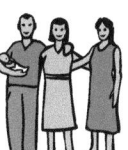

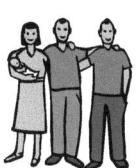

brat

veli

sestra

sisko

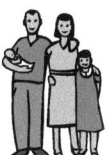

tijelo
vartalo

čelo
otsa
oko
silmä
rame
olkapää
prst
sormet
lice
kasvot
brada
leuka
ruka
käsi
grudi
rinta
noga
jalka
ruka
käsivarsi

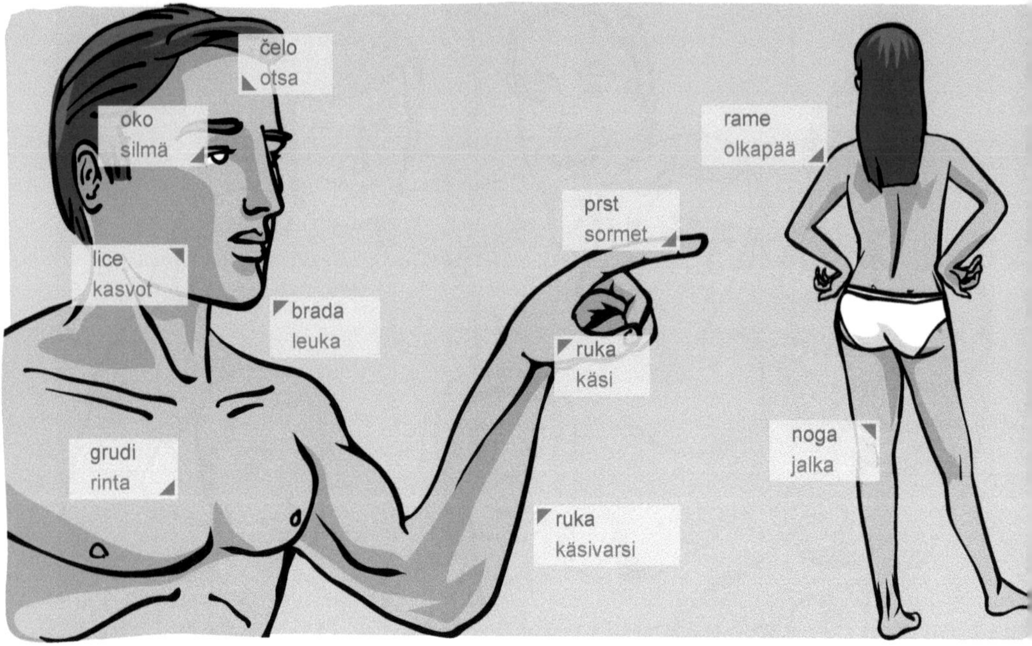

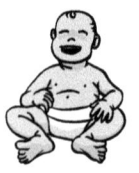

beba
vauva

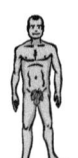

muškarac
mies

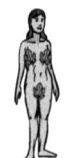

žena
nainen

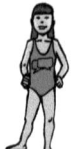

djevojčica
tyttö

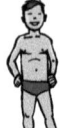

dječak
poika

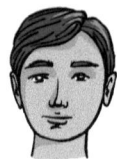

glava
pää

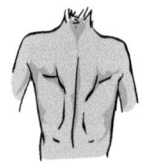

leđa
selkä

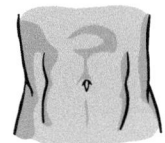

trbuh
maha

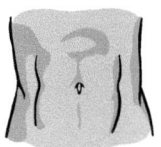

pupak
napa

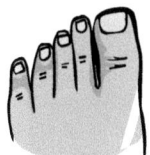

nožni prst
varvas

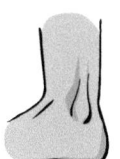

peta
kantapää

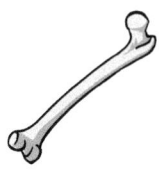

kost
luu

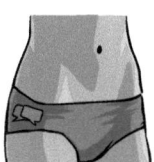

kuk
lantio

koljeno
polvi

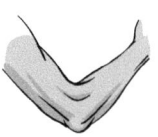

lakat
kyynärpää

nos
nenä

stražnjica
takapuoli

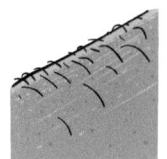

koža
iho

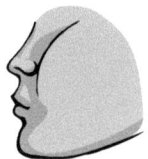

obraz
poski

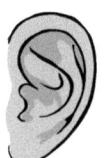

uho
korva

usna
huuli

usta

suu

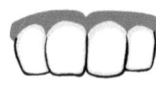

zub

hammas

jezik

kieli

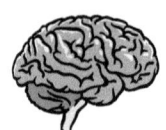

mozak

aivot

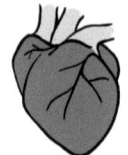

srce

sydän

mišić

lihas

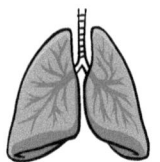

pluća

keuhkot

jetra

maksa

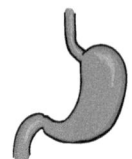

želudac

vatsa

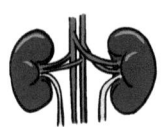

bubrezi

munuaiset

snošaj

seksi

kondom

kondomi

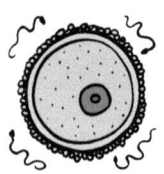

jajna stanica

munasolu

sperma

sperma

trudnoća

raskaus

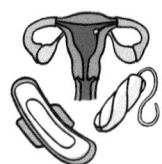

menstruacija

kuukautiset

vagina

vagina

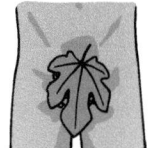

penis

penis

obrva

kulmakarvat

kosa

hiukset

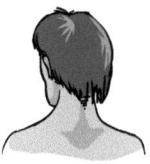

vrat

niska

bolnica
sairaala

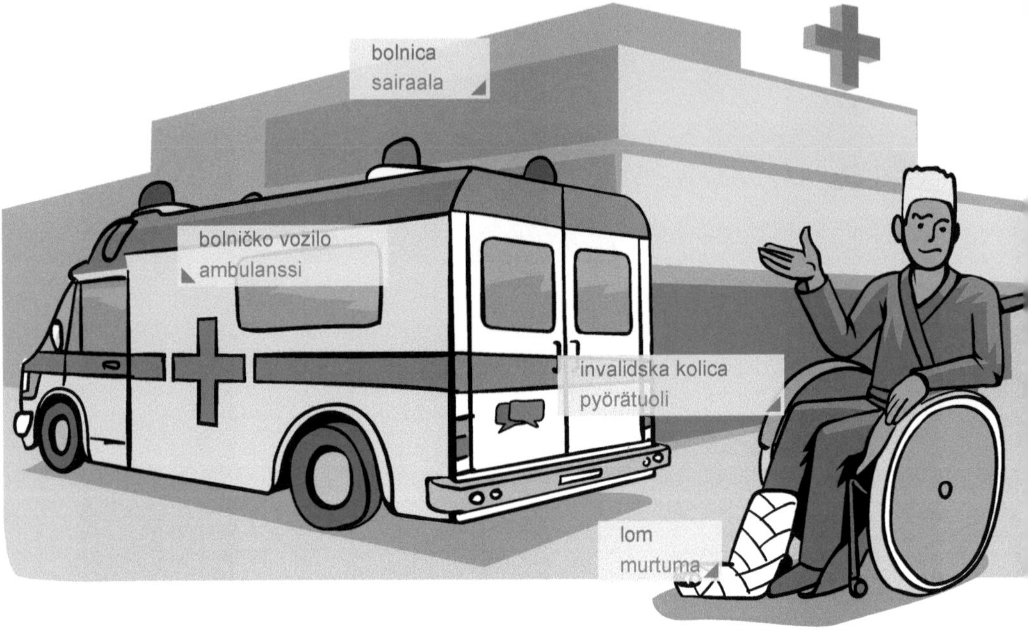

bolnica
sairaala
bolničko vozilo
ambulanssi
invalidska kolica
pyörätuoli
lom
murtuma

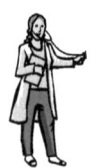

liječnik

lääkäri

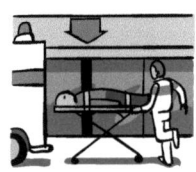

hitna medicinska služba

ensiapu

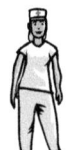

medicinska sestra

sairaanhoitaja

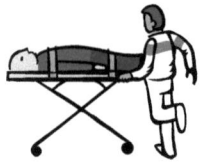

hitni slučaj

hätätilanne

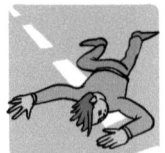

nesvijest

tajuton

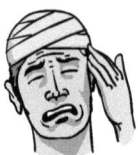

bol

kipu

ozljeda

vamma

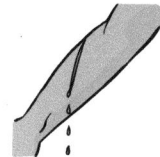

krvarenje

verenvuoto

srćani infarkt

sydänkohtaus

moždani udar

aivoinfarkti

alergija

allergia

kašalj

yskä

groznica

kuume

gripa

flunssa

proljev

ripuli

glavobolja

päänsärky

rak

syöpä

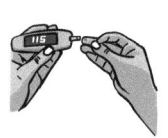

dijabetes

diabetes

kirurg

kirurgi

skalpel

veitsi

operacija

leikkaus

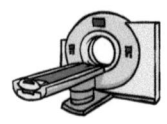

ct
ct

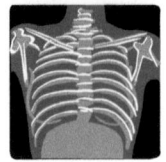

rentgen
röntgen

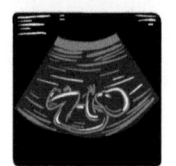

ultrazvuk
ultraääni

maska
maski

bolest
sairaus

čekaonica
odotushuone

štaka
sauva

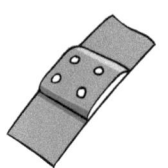

flaster
laastari

zavoj
side

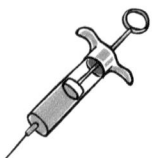

injekcija
pistos

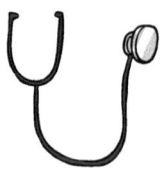

stetoskop
stetoskooppi

nosilo
paarit

termometar
kuumemittari

rođenje
syntymä

prekomjerna težina
ylipaino

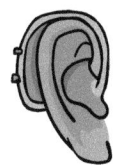

slušni aparat

kuulolaite

sredstvo za dezinfekciju

desinfiointiaine

infekcija

infektio

virus

virus

hiv / sida

HIV / AIDS

medicina

lääke

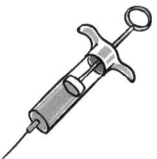

vakcinacija

rokotus

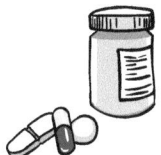

tablete

tabletit

pilula

pilleri

poziv u pomoć

hätäpuhelu

uređaj za mjerenje tlaka

verenpainemittari

bolesno / zdravo

sairas / terve

pomoć!

Apua!

nasrtaj

ryöstö

alarm

hälytys

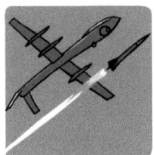

napad

hyökkäys

opasnost

vaara

izlaz za nuždu

hätäuloskäynti

vatrogasni aparat

palosammutin

nezgoda

onnettomuus

požar!

Tulipalo!

kofer prve pomoći

ensiapulaukku

sos

SOS

policija

poliisilaitos

Europa

Eurooppa

sjeverna amerika

Pohjois-Amerikka

južna amerika

Etelä-Amerikka

Afrika

Afrikka

Azija

Aasia

Australija

Australia

Atlantik

Atlantin valtameri

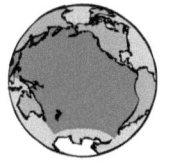

Pacifik

Tyynimeri

ocean

Intian valtameri

antarktički ocean

Eteläinen jäämeri

arktički ocean

Pohjoinen jäämeri

sjeverni pol

pohjoisnapa

južni pol
....
etelänapa

Antarktik
....
Antarktis

zemlja
....
maa

zemlja
....
maa

more
....
meri

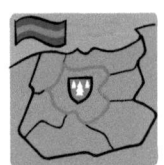

otok
....
saari

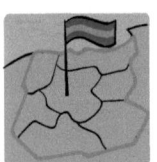

nacija
....
kansa

država
....
osavaltio

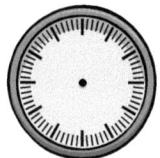

brojčanik sata

kellotaulu

satna kazaljka

tuntiviisari

minutna kazaljka

minuuttiviisari

sekundna kazaljka

sekuntiviisari

Koliko je sati?

Paljonko kello on?

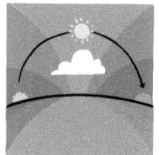

dan

päivä

vrijeme

aika

sada

nyt

digitalni sat

digitaalikello

minuta

minuutti

sat

tunti

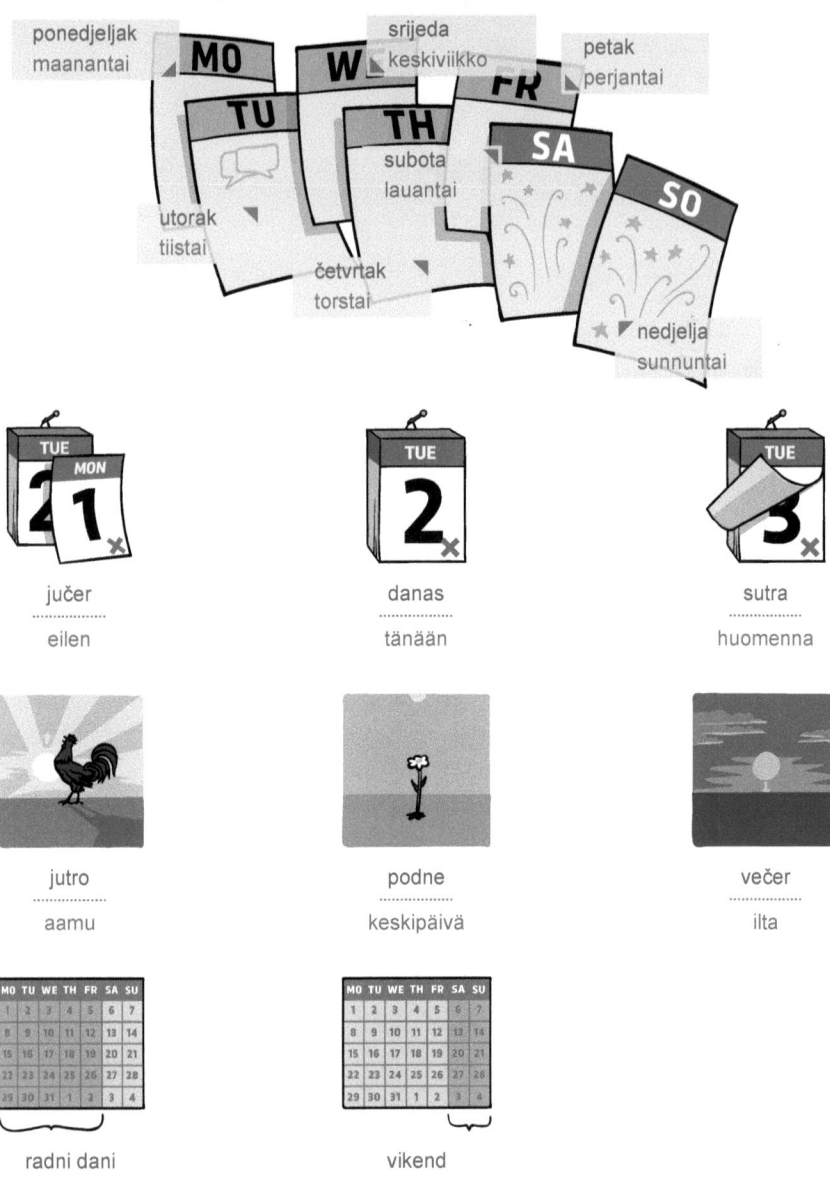

ponedjeljak
maanantai

MO

W srijeda
keskiviikko

FR petak
perjantai

TU

TH
subota
lauantai

SA

SO

utorak
tiistai

četvrtak
torstai

nedjelja
sunnuntai

jučer
eilen

danas
tänään

sutra
huomenna

jutro
aamu

podne
keskipäivä

večer
ilta

radni dani
työpäivät

vikend
viikonloppu

godina
vuosi

kiša
sade
duga
sateenkaari
vjetar
tuuli
snijeg
lumi
proljeće
kevät
ljeto
kesä
jesen
syksy
zima
talvi

4.APRIL 11°
5.APRIL 4°
6.APRIL 13°
7.APRIL 8°
8.APRIL 10°

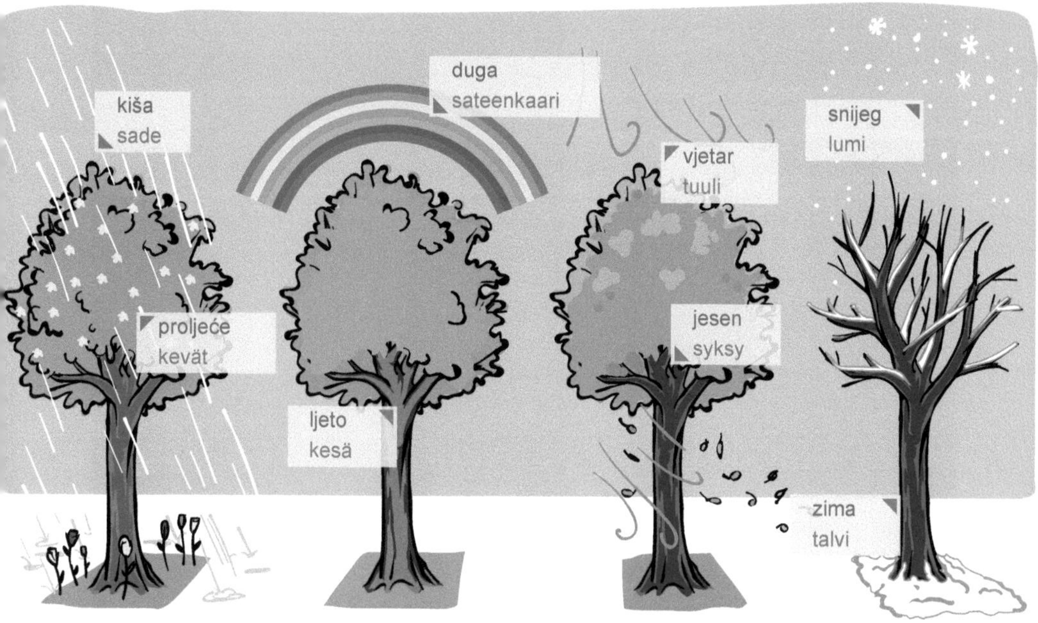

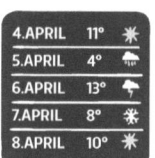

meteorološka prognoza

sääennuste

F
C
120
90
60
30
0
-30
40
30
20
10
0
-10
-20

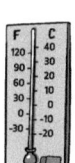

termometar

lämpömittari

sunčana svjetlost

auringonpaiste

oblak

pilvi

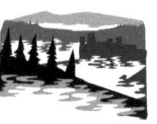

magla

sumu

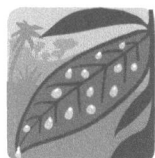

vlažnost zraka

ilmankosteus

munja

salama

grmljavina

ukkonen

oluja

myrsky

tuča

rae

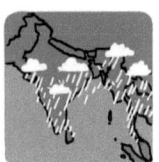

monsun

monsuuni

poplava

tulva

led

jää

siječanj

tammikuu

veljača

helmikuu

ožujak

maaliskuu

travanj

huhtikuu

svibanj

toukokuu

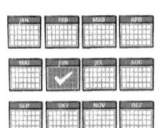

lipanj

kesäkuu

srpanj

heinäkuu

kolovoz

elokuu

rujan
syyskuu

listopad
lokakuu

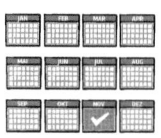

studeni
marraskuu

prosinac
joulukuu

oblici
muodot

krug
ympyrä

kvadrat
neliö

pravokutnik
suorakulmio

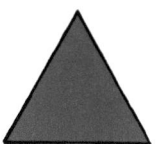

trokut
kolmio

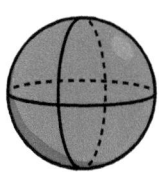

kugla
pallo

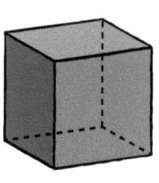

kocka
kuutio

bijela
valkoinen

žuta
keltainen

narančasta
oranssi

ružičasta
vaaleanpunainen

crvena
punainen

ljubičasta
violetti

plava
sininen

zelena
vihreä

smeđa
ruskea

siva
harmaa

crna
musta

mnogo / malo
paljon / vähän

ljutito / mirno
vihainen / ystävällinen

lijepo / ružno
kaunis / ruma

početak / kraj
alku / loppu

veliko / maleno
suuri / pieni

svijetlo / tamno
vaalea / tumma

brat / sestra
veli / sisko

čisto / prljavo
puhdas / likainen

potpuno / nepotpuno
täydellinen / epätäydellinen

dan / noć
päivä / yö

mrtvo / živo
kuollut / elävä

široko / usko
leveä / kapea

jestivo / nejestivo

syötävä / syömäkelvoton

zlo / dobro

paha / kiltti

uzbuđeno / dosadno

innostunut / tylsistynyt

debelo / mršavo

lihava / laiha

na početku / na kraju

ensimmäinen / viimeinen

prijatelj / neprijatelj

ystävä / vihollinen

puno / prazno

täysi / tyhjä

tvrdo / mekano

kova / pehmeä

teško / lagano

painava / kevyt

glad / žeđ

nälkä / jano

bolesno / zdravo

sairas / terve

ilegalno / legalno

laiton / laillinen

pametno / glupo

älykäs / tyhmä

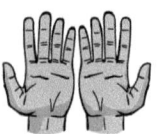

lijevo / desno

vasen / oikea

blizu / daleko

lähellä / kaukana

novo / rabljeno

uusi / käytetty

ništa / nešto

ei mitään / jotain

staro / mlado

vanha / nuori

uključeno / isključeno

päällä / pois päältä

otvoreno / zatvoreno

auki / kiinni

tiho / glasno

hiljainen / äänekäs

bogato / siromašno

rikas / köyhä

točno / pogrešno

oikein / väärin

hrapavo / glatko

karhea / sileä

tužno / sretno

surullinen / iloinen

kratko / dugo

lyhyt / pitkä

polako / brzo

hidas / nopea

mokro / suho

märkä / kuiva

toplo / hladno

lämmin / viileä

rat / mir

sota / rauha

brojevi

numerot

0

nula

nolla

1

jedan

yksi

2

dva

kaksi

3

tri

kolme

4

četiri

neljä

5

pet

viisi

6

šest

kuusi

7

sedam

seitsemän

8

osam

kahdeksan

9

devet

yhdeksän

10

deset

kymmenen

11

jedanaest

yksitoista

12

dvanaest

kaksitoista

13

trinaest

kolmetoista

14

četrnaest

neljätoista

15

petnaest

viisitoista

16

šestnaest

kuusitoista

17

sedamnaest

seitsemäntoista

18

osamnaest

kahdeksantoista

19

devetnaest

yhdeksäntoista

20

dvadeset

kaksikymmentä

100

stotinu

sata

1.000

tisuću

tuhat

1.000.000

milijun

miljoona

engleski

englanti

američko engleski

amerikanenglanti

kinesko mandarinski

mandariinikiina

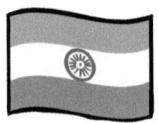

hindi

hindi

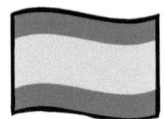

španjolski

espanja

francuski

ranska

arapski

arabia

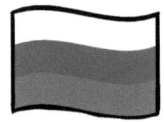

ruski

venäjä

portugalski

portugali

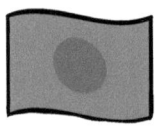

bengalski

bengali

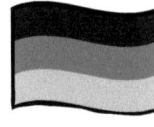

njemački

saksa

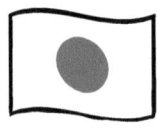

japanski

japani

ja
minä

ti
sinä

on / ona / ono
hän

mi
me

vi
te

oni
he

tko?
kuka?

što?
mitä / mikä?

kako?
miten?

gdje?
missä?

kada?
milloin?

ime
nimi

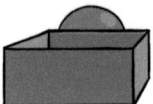

iza

takana

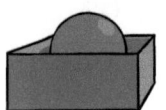

u

sisällä

ispred

edessä

preko

yläpuolella

na

päällä

ispod

alapuolella

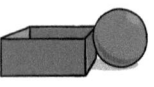

pored

vieressä

između

välissä

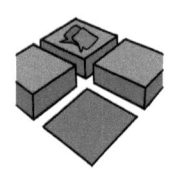

mjesto

paikka